Homöopathische Warzenbehandlung

nach dem Mondkalender

Einfach und sicher verstehen und anwenden

Sonderteil: Termine planen im Einklang mit dem Mondzyklus bei Operationen, Impfungen und schwierigen Zahnbehandlungen

AF178828

Für

Dr. med. armin wunder

© 2020 Ruth Frings

Umschlaggestaltung, Fotos: Tredition, Alex Andrews (www.pexels.com)
Pixabay (www.pexels.com)

Verlag und Druck: tredition GmbH, Halenreie 40-44, 22359 Hamburg

ISBN Paperback: 978-3-347-06887-2
ISBN Hardcover: 978-3-347-06888-9
ISBN e-Book: 978-3-347-06889-6

Das Werk, einschließlich seiner Teile, ist urheberrechtlich geschützt.
Jede Verwertung ist ohne Zustimmung des Verlages und des Autors
unzulässig. Dies gilt insbesondere für die elektronische oder sonstige
Vervielfältigung, Übersetzung, Verbreitung und öffentliche
Zugänglichmachung.

Bibliografische Information der Deutschen Nationalbibliothek:
Die Deutsche Nationalbibliothek verzeichnet diese Publikation in der
Deutschen Nationalbibliografie; detaillierte bibliografische Daten sind im
Internet über http://dnb.d-nb.de abrufbar.

Inhaltsverzeichnis

Vorwort und Fragestellung

Als Ärztin mit der Zusatzbezeichnung Homöopathie habe ich über zwanzig Jahre eine hausärztliche Praxis in der Region Hannover geführt.
Akute Erkrankungen und Erkrankungen mit chronischem Verlauf waren die tägliche Aufgabe.

Sehr oft kamen Patienten zu mir, die unter Warzen litten und bisher erfolglos behandelt worden waren. Seit Beginn meiner Praxistätigkeit habe ich alle Warzentypen behandelt.

Da ich akute homöopathische Arzneien nicht dauerhaft verabreichen wollte, ließ ich die individuell ausgewählten Arzneien zwei Wochen einnehmen, zwei Wochen pausieren und begann wieder mit der Verabreichung.

Sehr schnell merkte ich, dass bei einigen Patienten die Warzen nach ca. 1-3 Monaten verschwunden waren und bei anderen nicht. Zeitgleich stieß ich auf das Buch von Helga Föhr „Mit dem Mond leben".

Fortan verabreichte ich die homöopathischen Arzneien nach dem Mondkalender und hatte eine deutlich bessere Erfolgsquote mit meiner Therapie. Ich begann die Methode zu systematisieren.

Warum diese Methode?

Unsere Vorfahren wussten um die Zusammenhänge zwischen dem Mond und dessen Einfluss auf unseren Körper.
Wir wissen, dass der Mond Ebbe und Flut bewirkt.

Viele andere Erkenntnisse beruhen auf Erfahrungen - wissenschaftlich ist nichts davon belegt. Trotzdem möchte ich Sie einladen, sich auf meine Erfahrungen einzulassen.
Hebammen wissen zu berichten, dass in Vollmondnächten mehr Kinder geboren werden. Zur Zeit des Vollmondes schlafen viele Menschen unruhig oder haben Albträume.
Die Erfahrungen mit dem Mondrhythmus können auf vielfältige Weise in unser Leben und unseren Tagesablauf integriert werden. Ich berücksichtige hier die gesundheitlichen Aspekte. Durch das Wissen um die Wirkung des Mondzyklus können wir unsere Therapie so ausrichten, dass wir ein optimales Ergebnis erzielen. Wir nutzen den Mondrhythmus, damit die Arzneien effektvoll wirken.

Wie schon im Vorwort beschrieben basiert diese Warzen-Therapie auf meiner Erfahrung in der eigenen Praxis. Die Untersuchung des Patienten, die Auswahl der homöopathischen Arznei und die Einnahme der Arznei nach dem Mondkalender sind drei wesentliche Schritte für den Erfolg.

Warzen können schmerzen, sich entzünden, jucken und letztlich ein kosmetisches Problem darstellen. Viele Behandlungsmethoden sind aufwendig, schmerzhaft, von Nebenwirkungen begleitet und häufig erfolglos, da die Warzen wieder auftreten.
Mit der homöopathischen Behandlung nach dem Mondkalender verschwinden die Warzen in der Regel in einem angemessenen Zeitraum und kommen durch gleichzeitige Stärkung des Immunsystems nicht oder nur sehr selten wieder. Die Methode ist harmlos, ohne Nebenwirkungen und kostengünstig

Aufbau des Buches

In diesem Buch werde ich diese Methode für jedermann verständlich erklären und zugänglich machen.
Ich werde die verschiedenen Warzen in ihrer Morphologie (Aussehen) vorstellen, den Mondkalender mit den Tierkreiszeichen erläutern, die individuelle Einnahme erklären und helfen die homöopathische Arznei zu wählen.
Ein kurzes Kapitel widme ich der schulmedizinischen Behandlung von Warzen.

Außerdem gebe ich Hinweise auf weitere alternative Therapiemethoden bei Warzen und Möglichkeiten des Besprechens, gefolgt von einem Sonderteil, in dem beschrieben ist, worauf man bei Impfungen, einer geplanten Operation und bei Zahnbehandlungen im Hinblick auf den Mondkalender achten sollte.
Ein Literaturverzeichnis habe ich am Ende angefügt.

Mondphasen

Die vier Mondphasen Neumond, zunehmender Mond, Vollmond und abnehmender Mond ergeben sich durch die Stellung der Erde und des Mondes zur Sonne.
Es gibt grundsätzlich keine guten oder schlechten Mondphasen. Mit dem Wissen um die Mondkonstellationen können Planungen, Tätigkeiten und Therapien im Einklang mit den Mondphasen abgestimmt werden. Die Mondphasen haben einen stärkeren Einfluss auf uns als die jeweils durchlaufenden Tierkreiszeichen, die die Mondphasen in ihrer Wirkung lediglich unterstützen.

Neumond: Der Mond steht zwischen Sonne und Erde und ist somit für uns nicht sichtbar. Der Neumond ist Zeitpunkt für gute Vorsätze, Neubeginn und Planungen. Er bildet den Höhepunkt der Entgiftung und Entschlackung und den Höhepunkt der Selbstheilungskräfte. Ein Fastentag bei Neumond wirkt sich positiv aus. Dennoch sollte man Operationen im Neumond vermeiden, da Wunden in dieser Zeit möglicherweise langsamer heilen.
MOTTO: NEUANFANG, REINIGUNG, ABGEBENDE KRAFT

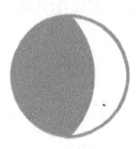

Zunehmender Mond: Die Zeit nach Neumond bis zum Vollmond ist die Phase des zunehmenden Mondes. Alles ist günstig, was regenerierend, aufbauend und kräftigend auf den Körper wirkt. Mangelerscheinungen sind gut zu behandeln in dieser Zeit. Der Körper speichert Energie und Erholungsphasen haben sehr gute Wirkung.
MOTTO: AUFNAHME, ZUNAHME, SPEICHERNDE KRAFT, WACHSENDE ENERGIE

Vollmond: Das Ende des zunehmenden Mondes ist der Vollmond. Die Erde steht genau zwischen Mond und Sonne. Ideal für einen Fastentag! Alles Zuführende wirkt stärker. Drei Tage vor und drei Tage nach Vollmond, wenn möglich, sollte man Operationen und Impfungen meiden.
Alles Positive verstärkt sich, aber auch alles Negative. Viele Menschen schlafen schlecht und träumen intensiv.
MOTTO: ENERGIEZUFUHR, RICHTUNGSWECHSEL, SAMMELNDE KRAFT

Abnehmender Mond: In den zwei Wochen zwischen Vollmond und Neumond nimmt der Mond wieder ab. Maßnahmen zum Ausschwemmen und Entgiften sind günstig. Eine Diät zu beginnen, verspricht Erfolg. Massagen gegen Verspannung tun gut während dieser Zeit. Der Mensch ist sehr leistungsfähig in dieser Phase und Energieverausgabung wird gut vertragen. Operationen haben eine gute Heilungstendenz.
MOTTO: ABGABE, KRÄFTE FREISETZEN, NACHLASSENDE ENERGIE, PAUSE

Abbildung 1: Mondphasen

Nebenbei bemerkt ist das Osterfest nach dem Mondkalender ausgerichtet und der Termin verschiebt sich daher jedes Jahr im Sonnenkalender. Ostern ist immer der erste Sonntag nach dem ersten Frühlingsvollmond. Daher ist das Osterfest immer zwischen dem 22. März und dem 25. April.

Astrologische Tierkreiszeichen und Zuordnung von Körperregionen im astrologischen Tierkreis

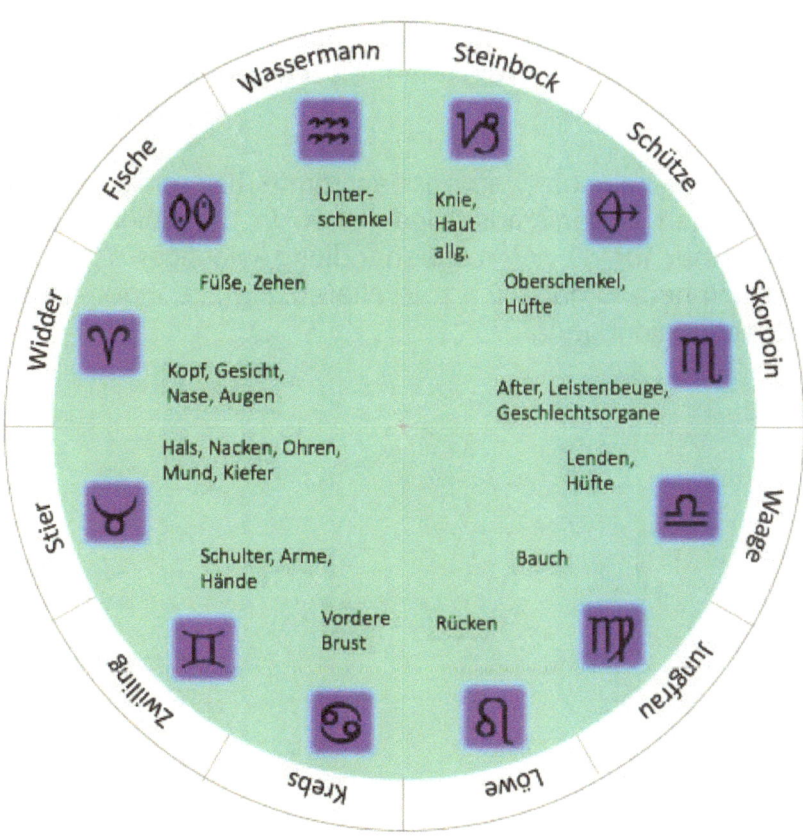

Die in der Astrologie sogenannten Tierkreiszeichen haben ihren Namen aus der Beobachtung der Sterne. Die Hochkulturen des Vorderen Orients und im Mittelmeerraum haben die Sternenkonstellationen nach Tieren benannt. Allerdings haben fünf keine Tierbezeichnungen: Zwilling, Jungfrau, Waage, Schütze und Wassermann.

Die Anordnung der Tierkreiszeichen in dem astrologischen Tierkreis ist oben auf Seite 9 abgebildet.

Der Mond durchläuft ein Tierkreiszeichen in zwei bis drei Tagen, um dann in das nächste Tierkreiszeichen überzugehen. Die Sonne dagegen benötigt einen Monat, um ein Sternzeichen zu durchwandern und zwölf Monate für alle Sternzeichen.

Im Volksmund werden die Tierkreiszeichen als Sternzeichen benannt.

Den Tierkreiszeichen werden bestimmte Körperregionen des menschlichen Organismus zugeordnet. In der obigen Graphik habe ich nur für die Warzenbehandlung wichtigen Hautareale genannt. Innere Organe wie z. B. Nieren, Herz, Lunge werden in der Graphik nicht genannt.

Mondkalender

Der Mond umkreist die Erde in 28 Tagen und dieser Zeitraum ist somit nicht deckungsgleich mit dem Sonnenkalender (30/31 Tage im Monat). In diesen 28 Tagen durchläuft der Mond alle Tierkreiszeichen und alle 2 bis 3 Tage wechselt das Tierkreiszeichen.

Bitte geben Sie im Internet "Mondkalender mit Sternzeichen" bzw. Tierkreiszeichen ein, um den aktuellen Mondkalender einzusehen. Diesen benötigen Sie für die Therapietage. Einen aktuellen Jahres-Mondkalender finden Sie aber auch in Zeitschriften, entsprechenden Büchern und über eine App.

In der folgenden Abbildung 2 habe ich den Mondkalender aus dem Jahr 2020 von August bis Oktober veröffentlicht, um an diesem Kalender die Einnahme der homöopathischen Arznei im Kapitel "Einnahme des homöopathischen Warzenmittels" zu zeigen.

Die Legende entnehmen Sie bitte aus "Astrologische Tierkreiszeichen und Zuordnung von Körperregionen im astrologischen Tierkreis" auf Seite 9.

August 2020				September 2020				Oktober 2020			
1	Sa	🌕	♑	1	Di	🌕	♓	1	Do	🌕	♈
2	So	🌕	♑	2	Mi	🌕	♓	2	Fr	🌖	♈
3	Mo	🌕	♒	3	Do	🌖	♓	3	Sa	🌖	♈
4	Di	🌖	♒	4	Fr	🌖	♈	4	So	🌖	♉
5	Mi	🌖	♓	5	Sa	🌖	♈	5	Mo	🌖	♉
6	Do	🌖	♓	6	So	🌖	♉	6	Di	🌖	♊
7	Fr	🌖	♓	7	Mo	🌖	♉	7	Mi	🌖	♊
8	Sa	🌖	♈	8	Di	🌖	♉	8	Do	🌖	♊
9	So	🌖	♈	9	Mi	🌖	♊	9	Fr	🌖	♋
10	Mo	🌖	♉	10	Do	🌖	♊	10	Sa	🌖	♋
11	Di	🌖	♉	11	Fr	🌗	♋	11	So	🌗	♌
12	Mi	🌗	♉	12	Sa	🌗	♋	12	Mo	🌗	♌
13	Do	🌗	♊	13	So	🌗	♋	13	Di	🌗	♍
14	Fr	🌗	♊	14	Mo	🌗	♌	14	Mi	🌗	♍
15	Sa	🌗	♋	15	Di	🌗	♌	15	Do	🌗	♎
16	So	🌗	♋	16	Mi	🌘	♍	16	Fr	🌑	♎
17	Mo	🌘	♌	17	Do	🌑	♍	17	Sa	🌑	♏
18	Di	🌘	♌	18	Fr	🌑	♎	18	So	🌑	♏
19	Mi	🌑	♍	19	Sa	🌑	♎	19	Mo	🌑	♐
20	Do	🌑	♍	20	So	🌑	♏	20	Di	🌒	♐
21	Fr	🌒	♎	21	Mo	🌒	♏	21	Mi	🌒	♑
22	Sa	🌒	♎	22	Di	🌒	♐	22	Do	🌒	♑
23	So	🌒	♎	23	Mi	🌒	♐	23	Fr	🌒	♑
24	Mo	🌒	♏	24	Do	🌒	♑	24	Sa	🌒	♒
25	Di	🌒	♏	25	Fr	🌒	♑	25	So	🌒	♒
26	Mi	🌒	♐	26	Sa	🌒	♒	26	Mo	🌓	♓
27	Do	🌓	♐	27	So	🌓	♒	27	Di	🌓	♓
28	Fr	🌓	♑	28	Mo	🌓	♒	28	Mi	🌓	♈
29	Sa	🌓	♑	29	Di	🌓	♓	29	Do	🌓	♈
30	So	🌓	♒	30	Mi	🌓	♓	30	Fr	🌔	♈
31	Mo	🌔	♒					31	Sa	🌕	♉

Abbildung 2: Mondkalender am Beispiel von August - Oktober 2020

Warzentypen
Ätiologie (Ursachen) und Morphologie (Aussehen)

Warzen sind gutartige Wucherungen der Haut und werden hervorgerufen durch Virusinfektionen. Sie sind nicht nur unschön respektive störend, sondern können auch sehr schmerzhaft sein. Im Kindesalter treten sie gehäuft auf. Der Infektionsweg kann durch kleinste Verletzungen wie Kratzer bedingt sein. Bei Neigung zu kalten Schweißhänden und Schweißfüßen ist die Infektionsgefahr durch die schlechte Durchblutung hoch. Eine übermäßige Schweißbildung bietet den Warzen ein ideales Milieu zur Entstehung. Die Inkubationszeit, von der Infektion bis zur Warzenentstehung, kann Wochen bis Monate dauern.
Da sich Warzen im Aussehen, in der Ausbreitung und Lokalisation unterscheiden, sollten unklare Hautwucherungen, die nicht das typische Aussehen einer Warze haben, ärztlich abgeklärt werden.

Verrucae vulgaris (vulgäre Warzen) sind klein, rund bis oval und grau, gelblich bis braun gefärbt.
Die Oberfläche ist zunächst glatt und später zerklüftet und höckerig wie ein Blumenkohl. Im Zentrum ist oft eine dunkle Verfärbung, die Hinweis geben kann auf eine Spontanheilung. Dies ist bei Kindern eher der Fall als bei Erwachsenen.
Die Größe der Warze ist meist erbsen- bis linsengroß und die einzeln wachsenden Warzen können zusammenfließen.
Diese Warzen kommen am häufigsten an den Händen vor im Kindes- und Jugendalter. Es bilden sich oft „Tochterwarzen" rundherum.
Gerade im Fußsohlenbereich können sie sehr schmerzhaft sein. Sie sind hoch ansteckend und als Übertragungsorte sind Sporthallen, Badeanstalten, öffentliche Duschen und Saunen.
Als Erreger gelten die weit verbreiteten humanen Papillomaviren.

Verrucae plantares
Sie kommen häufig bei Jugendlichen und jüngeren Erwachsenen vor und werden auch durch die Papillomaviren verursacht.
Die Lokalisation ist an den Füßen und Fußsohlen. Die kleinen, in die Tiefe gehenden Warzen, werden Dornwarzen genannt.
Gerade im Fußsohlenbereich können sie sehr schmerzhaft sein. Sie sind ebenfalls ansteckend und Übertragungsorte sind, wie oben genannt, Sporthallen, Badeanstalten, öffentliche Duschen und Saunen. Sie neigen nicht so häufig zu Spontanremission wie die vulgären Warzen.

Verrucae planae juveniles sind Warzen im Kindes- und Jugendalter, die wie ein Rasen von vielen Warzen aussehen und flach bis leicht erhaben sind. Sie sind rund oder unregelmäßig geformt von 2 – 7 mm im Durchmesser. Sie zeigen keine Verhornungen an der Oberfläche und sind weich.
Sie treten im Gesicht, Hals, Handrücken und Fingern auf.
Die Erreger sind auch hier humane Papillomaviren.
Eine spontane Rückbildung ist erkennbar, wenn die Warzen eine rötliche Farbe annehmen.

Condylomata acuminata sind Warzen im Genitalbereich, die ebenfalls auch über das Papillomavirus übertragen werden.
Auf die Behandlung dieser Warzen werde ich in diesem Buch nicht eingehen können. Diese Art der Warzen benötigen andere Arzneien als in der unten aufgeführten Tabelle genannt.

Mollusca contangiosa (Dellwarzen), auch Schwimmbadwarzen genannt, treten überwiegend im Kleinkindalter auf.
Die Erreger kommen aus der Gruppe der Molluscipoxviren.
Die Kinder haben oft als weitere Erkrankung Neurodermitis.

Die Warzen haben eine breite Basis auf der Haut und wölben sich mit glatter Oberfläche über das Hautniveau. Im Zentrum ist ein kleines Knötchen mit einer kleinen Delle nach innen zu sehen, daher der Name. Sie jucken oft sehr stark und breiten sich wie ein Rasen auf dem Hautareal aus.

Die Warzen können spontan nach einigen Monaten bis Jahren verschwinden.

Die Mollusken werden schulmedizinisch häufig mit einer Kürette, einem chirurgischen Löffel, entfernt.

Verrucae seborrrhoicae (Alterswarzen) treten bei älteren Menschen auf.

Sie sind nicht viral bedingt und gutartige Hautveränderungen, hervorgerufen durch eine Verhornungsstörung der Haut.

Die Oberfläche ist rau und farblich hell- bis dunkelbraun.

Eine Therapie ist nur angezeigt bei ständig sich entzündenden Warzen. Diese erfolgt mit einem scharfen Löffel in lokaler Anästhesie.

Häufig kommen weitere Warzen an anderen Stellen hinzu. Eine homöopathische Behandlung macht keinen Sinn bei diesen Warzen, da sie keinen Erfolg bringt.

Zu überlegen ist, ob konstitutionell Arsenicum album grundsätzlich diese Menschen stärken könnte.

Schulmedizinische Behandlung

In der schulmedizinischen Behandlung kommen häufig **salizylhaltige Pflaster, Lösungen und Tinkturen** zur Anwendung. Die Säuren wie auch Oxalsäure und Salpetersäure wirken devitalisierend. Die Hornschichten lösen sich auf, dabei kann auch gesunde Haut verletzt werden.

Eine **operative Therapie mit einem chirurgischen Löffel** nach voriger lokaler Betäubung findet bei den „Schwimmbadwarzen", Dellwarzen auch Mollusken (Molluscum contangiosum) Anwendung. Oft ist nicht die Warze komplett ausgeschält. Häufig bilden sich in direkter Umgebung neue Warzen.

Bei den flachen Warzen, die häufig im Gesicht auftreten, werden **Vitamin-Säuren** und **Salizylsäure** verordnet.

Die Vereisung der Warze mit flüssigem Stickstoff besteht aus mehreren Sitzungen. Die Warze wird durch die Kälte zerstört und die Zellen heben sich aus der Umgebung ab. Dieses Vorgehen ist häufig schmerzhaft und nach einer möglichen Narbenbildung kehrt die Warzen oftmals zurück. Bitte Vorsicht mit dieser Behandlung bei Diabetikern, Kinder unter vier Jahren und Patienten mit Durchblutungsstörungen.

Auch **die Lasertherapie** findet Anwendung in der Warzenbehandlung. Durch die hohen Temperaturen wird die Warze regelrecht in mehreren Sitzungen weggebrannt, dies kann sehr schmerzhaft und blutig verlaufen.

Am Schluss muss noch die Möglichkeit der **operativen Entfernung** in Vollnarkose oder Lokalanästhesie genannt werden. Da das Risiko der Vollnarkose nicht gerechtfertigt ist und außerdem gesundes Gewebe mit entfernt werden muss, die Narbenbildung groß und die Rezidivrate hoch ist, ist dieses Verfahren auch unter Schulmedizinern umstritten.

Alternative Behandlungsmethoden

Schöllkraut
Das Schöllkraut, Chelidonium oder auch Schwalbenkraut genannt hat unter den Heilpflanzen eine besondere Wirkung auf Warzen. Der bittere, milchige, frische Saft wird auf die Warze geträufelt oder die Warze mit dem Saft bestrichen. Der Inhaltsstoff hat eine bakterienhemmende Wirkung und wirkt somit nicht sicher auf die virusbedingten Warzen.

Salben und Cremes
Zur sanften Behandlung werden Salben aus Johanniskraut, Avocado Öl, verdünnter Ameisensäure, Knoblauchsaft, Birkenblätterextrakt und Harnstoff angeboten, um die Hornhaut zu erweichen. Vitamin A Salben (Retinoide) unterdrücken die Warzenwucherung aber nicht die Viren.

Auflagen
Bei Auflagen aus Knoblauch oder Zwiebelscheiben werden die ätherischen Öle und die schwefelhaltigen Bestandteile mit antibakterieller Wirkung genutzt. Ebenso werden Auflagen aus Molke, Rizinus oder Apfelessig bei Warzen eingesetzt.

Eigenurin
Die Warzen mit Urin zu beträufeln, rührt daher, dass der Urin sehr harnstoffhaltig ist und somit zwar Bakterien abtötend wirkt aber nicht sicher auf die virusbedingten Warzen.

Beträufeln der Warzen
Das Beträufeln der Warzen mit Schwedenkräutern nach M. Treben, Teebaumöl, Zypressen-Wolfsmilch oder Ringelblumentinktur in der Zeit nach Vollmond bis Neumond wird in der Naturheilkunde angewandt.

Weitere Einreibungen aus dem Volksmund überliefert
Die Warze mit einer Bananenschale mehrfach einreiben, mit einer gelben, getrockneten Erbse über die Warze streichen, mit dem Schleim einer roten Schnecke betupfen, mit Kreide, Klebstoff oder Soda bedecken.

Besprechen von Warzen
Mit dieser Methode habe ich selbst keine Erfahrung, weiß aber aus Berichten, dass die Methode angewandt wird. Mit ritualen Sätzen wird bei entsprechender Mondphase die Warzen mit z.B. Schöllkraut eingestrichen. Ziel ist es, durch Suggestion die Warze zu behandeln.

Rezeptfreie verätzende Mittel
Für die Eigenbehandlung von Warzen stehen verschiedene rezeptfreie ätzende Mittel wie Monochloressigsäure, Salizylsäure gemischt mit Milchsäure, Ameisensäure, Silbernitrat sowie Zinkpaste zur Verfügung.

Homöopathische Arzneien zur Behandlung von Warzen

In diesem Kapitel stelle ich homöopathische Arzneien vor, die bei einer Behandlung von Warzen helfen können.
Es sind sogenannte Akutarzneien, die in der angegebenen Potenz rein organisch auf die Warzen bezogen wirken. Behandelt wird mit der jeweiligen Arznei in der D12 Potenz, einer tiefen Potenz und niedrigen Verdünnung.

Grundsätzlich ist anzumerken, dass das Vorhandensein von Warzen für eine mögliche momentane Schwächung des Immunsystems sprechen kann. Daher sollte eine Behandlung auch immer die Stärkung des Immunsystems beinhalten. Dies ist bei einer homöopathischen Behandlung der Fall.
Im Gegensatz zur Schulmedizin wird in der Homöopathie nichts verätzt oder chirurgisch entfernt, sondern der Körper im Ganzen gestärkt und die körpereigenen Abwehrkräfte angeregt. Die Behandlung erfolgt von innen und nicht äußerlich und stärkt den ganzen Menschen.
Verschwinden dann alle Warzen, ist mit einem Rezidiv in der Regel nicht zu rechnen. Sind nach einer homöopathischen Behandlung die Warzen verschwunden, ist auch gleichzeitig die Neigung, an Warzen zu erkranken, mitbehandelt.

Thuja: Thuja occidentalis (abendländischer Lebensbaum, Thuj.) hat eine hohe Affinität zu Haut und Schleimhäuten.
Warzen, die auf Thuja ansprechen, haben ihre Lokalisation am Kinn, Hals, Rücken, an den Augenlidern, Händen und Daumen.
Es passt bei Patienten, die eher fettige Haut haben und schnell Schwitzen mit körpereigenem Geruch.
Die Warzen sind gerötet, groß, hornig und gezackt, neigen zum Bluten und können schmerzend stechen.

Ich habe die Arznei nie als Tinktur angewendet, sondern immer als Globuli (homöopathische Darreichungsform).

Causticum: Causticum Hahnemanni (ein Destillat aus Kalk, Caust.) hat eine starke Wirkung auf die Haut.
Die Warzen, die auf Causticum ansprechen, befinden sich im Gesicht, an den Lippen, an den Fingern und Fingerspitzen nahe den Nägeln.
Eine verhornte Warze am Zeigefinger ist prädestiniert für eine Behandlung mit Causticum.
Sie sind gestielt oder gezackt und härter als „Thuja Warzen".

Rhus tox: Rhus toxicodendron (Giftsumach, Rhus-t.) hat ebenfalls eine Affinität zur Haut.
Die Warzen befinden sich häufig an den Händen und Fingern.
Sie sind groß oder gestielt und bluten leicht.
Es ist nicht ein Mittel der ersten Wahl.

Acid. nitr.: Acidum nitricum (Salpetersäure, Nit-ac.)
Die Warzen befinden sich an den Händen und Fingern, Nase und Nasenlöchern, Augenlidern, Lippen, Nacken und Brustbein, selten an den Füßen.
Charakteristisch für Acid nitr. sind stechende Schmerzen der Warzen, die eher klein und weich sind und sich leicht entzünden.
Die häufigste Anwendung von Acid nitr. sind Mollusken.

Sulfur: Sulfur (Schwefel, Sulph.) hat ebenfalls eine Affinität zur Haut.
Die Warzen befinden sich an den Händen, Füßen und Zehen.
Die Warzen sind hart und hornig und in den wenigsten Fällen schmerzhaft.

Staphisagria: Staphisagria (Stephanskraut, Staph.) ist für eine Behandlung angezeigt, wenn die Warzen sehr trocken und empfindlich bei Berührung sind.

Antimonium crudum: Antimonium crudum (Stibium sulfuratum nigrum, schwarzer Spießglanz, Ant-c.) „um die Schnut rum" ist eine Eselsbrücke zur Lokalität.
Die Warzen sind hauptsächlich im Gesicht, treten aber auch an Händen und Fußsohlen auf.
Die Warzen sind glatt und überragen das Hautniveau nicht. Sie fühlen sich hornig an. In seltenen Fällen können sie sich auch weich anfühlen. Sie neigen zu Horn- und Schwielen Bildung.

Mittelfindung der Akutarznei

Tabelle 1: Mittelfindung der Akutarznei unterteilt nach Lokalisation, Morphologie (Aussehen), Schmerzsymptomatik und bewährter organotroper Anwendung

Arznei	Lokalisation	Aussehen	Schmerzen	Bewährte Anwendung bei
Causticum	Nase, Hände, Finger/-spitzen nahe den Nägeln Gesicht, Augen, Lippen	erhaben hart, hornig, gezackt, gestielt auf weicher Haut: Gesicht, Augenlider	entzünden sich und sind dann **schmerzhaft**	**Warzen am Zeigefinger!** **Gesicht**
Thuja	Hals, Kinn, Nase, Hände, Finger, Daumen Augenlider, Rücken,	groß, isoliert stehend, nässend, gerötet, juckend, blutend, **weich**, gefurchte Oberfläche,	**schmerzhaft stechend**	**Warzen am Kinn, nie an den Füßen**
Acidum nitricum	Hals, Lippen, Nase innen, Brustbein, Augenlider	meist weich mit dünner Oberhaut, klein, gezackt, gestielt, leicht blutend	**Stechend, entzünden sich leicht**	**Warzen am Brustbein, Mollusken**
Rhus toxicodendron	Hände, Finger	groß oder gestielt, leicht blutend		
Sulfur	Hände, Füße, Zehen	hart, hornig		
Staphisagria		trocken	**Empfindlich auf Berührung**	
Antimonium crudum	Gesicht, Mund, Fußsohle, Hände	sehr hart, hornig im Hautniveau, glatt mit **Schwielen Bildung**, selten weich		**Dornwarzen an den Füßen**

Auf den Seiten 19 bis 21 habe ich die homöopathischen Akutarzneien ausführlich beschrieben. Auf der vorigen Seite habe ich die wichtigsten Merkmale dieser homöopathischen Akutarzneien übersichtlich in der Tabelle 1 zusammengefasst und im folgenden Kapitel zeige ich an Beispielen, wie ich mit Hilfe dieser Tabelle 1 die entsprechende Arznei zur Therapie finde.

Bestimmung der homöopathischen Arznei

In der obigen Tabelle habe ich die bewährten homöopathischen Arzneien, die sich bei der Therapie von Warzen bewährt haben, aufgelistet.
Die Einteilung habe ich nach Lokalisation der Warzen, Aussehen, Schmerzcharakter und Anwendung vorgenommen.
Hier zwei Beispiele zur Arzneimittelfindung:

Befindet sich die Warze am Zeigefinger und ist schmerzhaft, spricht das für die homöopathische Arznei Causticum. Die Arznei wird in der D12 im abnehmenden Mond an den Tagen im gegenüberliegenden Tierkreiszeichen des Zwillings, also Steinbock, Schütze und Skorpion 3 x 2 Globuli täglich über einen Zeitraum sich monatlich wiederholend für 3 bis 4 Monate eingenommen.

Sind bei einem Kind viele, kleine, juckende Warzen an der Brust als Dellwarzen diagnostiziert, kommt Acidum nitricum D12 zur Behandlung in Frage. Die Brust ist dem Sternzeichen Krebs zugeordnet. Diesem gegenüber befinden sich die Sternzeichen Wassermann, Schütze und Steinbock. Folglich wird im abnehmenden Mond an Tagen dieser Sternzeichen behandelt mit der Dosierung 3 x 2 Globuli täglich.

Befindet sich eine Warze oder mehrere an einem Fuß und ist/ sind sie hornig und hart, verordne ich Sulfur.

Die genaue Einnahme der homöopathischen Arznei beschreibe ich im Kapitel "Einnahme des homöopathischen Warzenmittels" auf Seite 29 detailliert und mit entsprechenden Beispielen.

Konstitutionelle Arzneien

In diesem Kapitel stelle ich homöopathische Arzneien vor, die zu den Polychresten gehören.
Diese wirken auf den ganzen Menschen mit allen seinen Symptomen, auch auf seine Psyche. Sie werden häufig eingesetzt, vor allem bei chronischen Erkrankungen.
Diese Arzneien, die nur von Kundigen in den Hochpotenzen angewendet werden sollten, werden nach der Erhebung der Krankengeschichte und den Leitsymptomen in einer Erstanamnese ausgewählt.
Unter Leitsymptomem verstehen die Homöopathen charakteristische Merkmale einer Arznei wie z. B. alles wird besser in frischer Luft oder die Symptome eines Patienten verschlechtern sich durch Zugluft.
Gerade diese unten aufgeführten Arzneien haben auch einen besonderen Bezug zu Warzen und können in einer hohen Potenz (LM), wenn die Symptome passen, mit einer Akutarznei (siehe oben) kombiniert werden. Ich werde hier einige Leitsymptome der Arzneien nennen, und zu jeder Arznei auch die charakteristischen Merkmale bei der Warzenbehandlung.

Bei den Ausprägungen der verschiedenen Warzen findet man bei den folgenden Polychresten Hinweise:

Natrium muriaticum: Natrium muriaticum (Natrium chloratum, Kochsalz, Nat-m.) ist eine Arznei, die eine Verschlechterung bei Sonnenbestrahlung und Hitze beschreibt. Beschwerden werden schlechter durch Trost, körperliche und geistige Anstrengung. Besser werden die Beschwerden im Freien.
Warzen treten auf in der Handinnenfläche, an den Fingern und an den Füßen.

Silicea: bei Silicea (Kieselerde, Sil.) verschlechtern sich die Symptome bei Kälte und Zugluft, besser werden die Beschwerden durch Wärme und warmes Einhüllen.
Die Warzen treten hauptsächlich an den Unterarmen, Hals, Rücken und Füßen auf. Sie können sich entzünden und eitern und können schmerzhaft sein.

Barium carbonicum: Barium carbonicum (Bariumcarbonat, Bar-c.) hat im Arzneimittelbild eine Verschlechterung durch feuchte Kälte.
Die Warzen sind klein und schmerzen. Sie treten überwiegend an den Händen und Fingern auf.

Sepia: Bei Sepia officinalis (Tintenfisch, Sep.) verschlechtern sich die Symptome bei Kälte, vor und während der Menstruation. Sie bessern sich bei Bewegung, körperlicher Anstrengung, frischer Luft und beim Tanzen.
Die Warzen sind überwiegend an den Armen, Fingern nahe den Nägeln und Fußsohlen lokalisiert.

Calcium carbonicum: Calcium carbonicum Hahnemanni (Austernschalenkalk, Calc.) zeigt eine Verschlechterung der Symptome bei feuchtem, kalten Wetter, körperlicher Anstrengung und Treppensteigen.

Die Warzen befinden sich an den Armen, Händen und Fußsohlen. Sie bestehen länger, sind hart, hornig, rot und rund.

Bei **jungen Mädchen** könnten gut folgende Warzenmittel helfen: Sepia, Sulfur und Thuja.

Einnahme der homöopathischen Arznei

Eine Gabe besteht jeweils aus 2 Kugeln (Globuli), die auf der Zunge im Mund langsam zergehen. Man sollte kurz vor und kurz nach der Einnahme nichts essen oder die Zähne putzen. Kleinkinder zerkauen die Globuli gerne, das ist kein Problem.

3-4 Gaben täglich, wenn nicht anders angegeben, ist die übliche Dosierung der D-Potenzen (Dezimal – Potenz, das heißt, die Verdünnungsschritte erfolgen jeweils im Verhältnis 1:10, 1 Teil der Arznei und 9 Teile einer neutralen Lösung).
Eventuell kann man eine Auflösung herstellen, was bei der Warzenbehandlung nicht indiziert ist und bei akuten Erkrankungen angewendet wird.
Die Menge der Kügelchen pro Gabe wird nicht nach Alter unterschieden, da die Globuli nur Träger der Arzneiinformation sind.

Bei dieser Dosierung der D-Potenzen sind keine Nebenwirkungen zu erwarten und keine toxischen Wirkungen. Sollten aus Versehen zu viele Globuli eingenommen worden sein, ist das nicht gefährlich, klären Sie dies aber bitte trotzdem mit ihrem Therapeuten.
Die Globuli dürfen mit den Fingern berührt werden und sollten jedoch nicht vor der Einnahme durch mehrere, verschwitzte, schmutzige Hände gehen!

In weniger akuten Fällen oder bei chronischen Symptomen gibt man die D Potenzen 1 – 3 x 2 Globuli täglich.

Die Warzenbehandlung dauert in der Regel mehrere Monate, auf die besondere Einnahme komme ich noch im nächsten Kapitel zusprechen.

Hahnemann, der Gründer der homöopathischen Methode, hat zu seiner Zeit eine Arznei einmalig verabreicht und dann auf die Reaktion des Körpers gewartet und ev. die Gabe wiederholt.

In meiner hausärztlichen Praxis habe ich die Erfahrung gemacht, dass diese Methode heute nicht mehr Erfolg zeigt. Deshalb habe ich die Arzneien wie beschrieben mehrfach am Tag verordnet. Die Zeit hat sich geändert. Wir unterliegen heute anderen Einflüssen in Form von Handystrahlung, Elektrosmog als zu Zeiten Samuel Hahnemanns. So werden heute vielleicht durch diese Einflüsse die Arzneien schneller verbraucht oder haben eine andere Wirkungsmodalität.

Die Erfolge in meiner Praxis geben mir Recht, die Einnahmefrequenz so zu praktizieren.

Einnahme des homöopathischen Warzenmittels

Die Warzen mit dem Mondkalender zu behandeln, wirkt zunächst ungewöhnlich. Ich habe die Erfahrung gemacht, dass im Einklang mit naturgegebenen Rhythmen der Heilungserfolg deutlich höher ist.

Grundsätzlich ist zu beachten, dass **nie** in dem Tierkreiszeichen behandelt wird, welches die Körperregion regiert, in der sich die Warze befindet, sondern immer im astrologischen Tierkreis gegenüber und rechts und links daneben.
Es wird immer in der abnehmenden Mondphase therapiert. Diese Mondphase steht für Abgabe.
Die passenden Tierkreiszeichen unterstützen positiv die abnehmende Mondphase.

Achtung: die Zuordnung der Körperregion zum Tierkreiszeichen hat nichts mit dem Sternzeichen zu tun, in dem der Patient geboren wurde!

Bitte nehmen Sie den astrologischen Tierkreis auf Seite 9, die Tabelle 1 auf Seite 22, und einen aktuellen Mondkalender (Internet, Buch/Zeitschrift oder App) zu Hilfe.

Zunächst wird die Lokalisation der Warze z. B. am Kopf dem dazugehörigen Sternzeichen zugeordnet (siehe Graphik „astrologische Tierkreiszeichen und Zuordnung von Körperregionen", Seite 9). Das ist in diesem Beispiel der Widder und die Behandlung findet an Tagen der Tierkreiszeichen der Waage, des Skorpions und der Jungfrau (dem Widder gegenüberliegende Tierkreiszeichen) im abnehmenden Mond statt.

Hier ein anderes Beispiel: Die Warze befindet sich an der Hand, die Körperregion wird dem Zwilling zugeordnet.

Es wird **nicht** an Tagen im Tierkreiszeichen des Zwillings behandelt. Behandelt wird in den Tierkreiszeichen, die sich direkt gegenüber im astrologischen Tierkreis befinden und jeweils rechts und links neben dem direkt gegenüberliegenden Tierkreiszeichen. Das heißt in diesem Fall Steinbock, Schütze und Skorpion.

Behandelt werden die Warzen immer in der Zeit des abnehmenden Mondes (erster Tag nach dem Vollmond bis zum Neumond, 14 Tage). Die jeweiligen Zeitinterwalle sind dem aktuellen Mondkalender (Internet, Beilage in Zeitschriften) zu entnehmen.

Nun markiere ich für 4 Monate die passenden Tage im abnehmenden Mond in den Zeichen des Steinbocks, Schützen und Skorpions.

An diesen Tagen wird die gewählte Arznei 3 x 2 Globuli täglich verabreicht.

Treten diese Tage im abnehmenden Mond überhaupt nicht auf, gebe ich die Arznei vom ersten Tag nach Vollmond bis zum Neumond jeweils 1 x 2 Kugeln täglich.

Wichtig ist, wie schon oben erwähnt die Therapie in der Zeit des abnehmenden Mondes. Die passenden Tierkreiszeichen unterstützen positiv.

In diesem Zeitraum von 4 Monaten sind die Warzen häufig verschwunden und die Therapie ist beendet. Sind die Warzen bereits nach zwei Behandlungszyklen verschwunden, setze ich die Arznei nach zwei Zyklen ab.

Sollte sich nach 3 Behandlungsmonaten die Erscheinung der Warze überhaupt nicht verändert haben, könnte die Ursache eine falsche Arzneiwahl sein. Bitte wählen Sie in diesem Fall eine neue, passende homöopathische Arznei nach der Tabelle aus und verabreichen Sie die neue Arznei für weitere 4 Monate nach dem aktuellen Mondkalender.

Ein weiteres Beispiel: Die zu behandelnde Warze befindet sich am Fuß. Diese Körperregion wird den Fischen zugeordnet. Die Tierkreiszeichen gegenüber sind Löwe, Jungfrau und Waage. Im aktuellen Mondkalender wird im abnehmenden Mond während der Tage der Tierkreiszeichen des Löwen, der Jungfrau und der Waage mit der homöopathischen Arznei behandelt.

Noch ein weiteres Beispiel: Die Warzen, kleine Mollusken, befinden sich am Knie. Diese Körperregion wird dem Steinbock zugeordnet (siehe Seite 9). Es wird im gegenüberliegenden Tierkreiszeichen behandelt, also dem Krebs und den beiden danebenliegenden Tierkreiszeichen Löwe und Zwilling. Nun schauen wir in den aktuellen Mondkalender an welchen Tagen die Tierkreiszeichen Krebs, Löwe und Zwilling im abnehmenden Mond liegen. Als Beispiel schauen wir uns die Abbildung 2 (August bis Oktober 2020) auf Seite 12 in diesem Ratgeber an. Die Tage der Behandlung sind der 13.-18. August, der 9.-15. September und der 6.-12. Oktober. Die Mollusken sprechen gut auf Acidum nitricum an (Tabelle 1, Seite 22, Mittelfindung der Akut-Arznei). Folglich verabreichen wir an den oben beschriebenen Tagen Acidum nitricum D 12, 3 x 2 Globuli täglich.

Ich habe folgende Erfahrung gemacht: Je länger eine Warze vor der Behandlung bestand, desto länger dauert auch die Behandlung. Beginnt die Behandlung kurz nach dem Auftreten der Warze, ist die Therapiedauer in der Regel auch kurz.

In der Literatur wird beschrieben, dass in Zeichen des Krebses und des Steinbocks die Warzenbehandlung ungünstig ist. Dies Phänomen habe ich nicht beobachtet.

Sonderteil: Mond und Gesundheit

In diesem Teil berichte ich über Einflüsse des Mondzyklus auf operative Eingriffe, Impfungen und Zahnbehandlungen.

Mond und Gesundheit
Im abnehmenden Mond ist der Körper leistungsfähig. In dieser Zeit sollten Operationstermine, Entgiftungen, Diäten und medizinische Behandlungen stattfinden.
Im zunehmenden Mond sollten die Dinge terminiert werden, die dem Körper etwas zuführen, Erholung, Entspannung.

Operative Eingriffe (geplante Operationen)
Operative Wahleingriffe sind „günstig" bei abnehmenden Mond, das heißt, dass im Allgemeinen die Heilungsphase kürzer ist, die Blutungen geringer sind und die Narben nicht hart werden.

Nach Möglichkeit sollte der Mond auch nicht in dem Sternzeichen stehen, welches die zu operierende Körperzone regiert, sowie den Sternzeichen vorher und nachfolgend (fließende Übergänge).
Der beste Zeitpunkt für eine Operation ist, wenn der Mond in einem Zeichen steht, dessen zugehöriges Körperteil sich im Tierkreiszeichen möglichst gegenüber (weit entfernt) vom Tierkreiszeichen des zu operierenden Körperteils befindet.

Hier ein Beispiel:
Am Kopf sollte an den Tagen des Widders nicht operiert werden, da das entsprechende Körperteil, welches den Widder regiert, der Kopf ist.

Besser sollte der Eingriff in dem Zeichen, das der entsprechenden Körperregion gegenüberliegt, stattfinden. Beispielsweise sollte eine Zahn-OP (Kopf=Widder) im gegenüberliegenden Zeichen des Tierkreises nämlich der

Waage, also im abnehmenden Mond in der Waage durchgeführt werden.

Vermeiden sollte man Operationen auch im Wechsel der einzelnen Mondphasen, also dem Übergang von Neumond zum zunehmenden Mond.

Notfall - Operationen sind selbstverständlich von dieser Regel ausgenommen.

Impfen

Erfahrungen mit den Folgeerscheinungen bei Impfungen haben gezeigt, dass man geplante Impfungen nicht drei Tage vor Vollmond, drei Tage nach Vollmond und besonders nicht auf den Vollmondtag selbst legen sollte.

Aufwendige Zahnbehandlungen

Termine für Zahnextraktionen, Zahnfüllungen, Parodontose Behandlungen und Kieferoperationen sind günstig bei abnehmendem Mond, jedoch nicht im Zeichen des Widders und des Stiers. Weniger Komplikationen treten auf, wenn der Mond in der Waage oder im Skorpion steht.

Eine Anmerkung zum Schluss

Die Empfehlungen des homöopathischen Therapiekonzeptes im Einklang mit dem Mondzyklus, besonders die Anwendungen der Arzneien und alternativer Hinweise, beruhen auf bewährten Erfahrungen von Therapeuten.

Trotzdem muss ich an dieser Stelle anmerken, dass jede Dosierung und Verabreichung auf eigene Gefahr des Anwenders erfolgt.

Ein Erfolg und Heilung wird nicht geschuldet und kann nicht garantiert werden.

Bei ungewöhnlichen Symptomen und bedrohlichen Situationen sollte immer ein Arzt kontaktiert werden.

Das Werk - sowie auch Teile daraus - sind urheberrechtlich geschützt. Jede Verwertung ist ohne Zustimmung der Herausgeberin widerrechtlich.

Literatur und Bildnachweis

- Prof. Dr. med. Maria Zabel, Hauterkrankungen in Wort und Bild, Köln,
  Viavital - Verlag, 1999, ISBN 3-934371-19-1
- Josef Smolle, Frank H. Mader, Beratungsproblem Haut, 2., vollständig überarbeitete Auflage, Heidelberg, Springer Medizin Verlag 2001, 2005, ISBN 3-540-21185-3
- Helga Föhr, Mit dem Mond leben, München, Wilhelm Heine Verlag, ISBN 978-3-453-23763-6
- Jost Künzli von Fimmelsberg u. Michael Barthel, Kent`s Repertorium Generale, 3. Erweiterte Auflage, Berg am Starnberger See, Barthel & Barthel Verlag, 1992
- Gerhard Köhler, Lehrbuch der Homöopathie Band II, Stuttgart, Hippokrates Verlag, 1986, ISBN 3-7773-0665-7
- Homöopathisches Repetitorium, Deutsche Homöopathie Union, Karlsruhe, März 2010
- Andrea Lutzenberger, Leben nach dem Mondrhythmus, München, Heinrich Hugendubel Verlag, 2006, ISBN 978-3-7205-2811-5
- Annette Boes, herausgegeben von Veronica Carstens, Warzen, Patientenratgeber Nr. 15, Natur und Medizin, 1996
- Michael Römer, ROMANUS Mondbuch, 73630 Remshalden, Romanus Verlag, 2010, ISBN 978-3-942520-02-7

- Coverbild: Alex Andrews (www.pexels.com)
- Rückenfläche: Pixabay (www.pexels.com

Zeitfracht Medien GmbH
Ferdinand-Jühlke-Straße 7
99095 Erfurt, Deutschland
produktsicherheit@kolibri360.de